創意小畫家系列

彩色筆

M. Àngels Comella　著
三民書局編輯部　譯

三民書局

© 彩 色 筆

著 作 人	M. Àngels Comella
譯　　者	三民書局編輯部
發 行 人	劉振強
著作財產權人	三民書局股份有限公司
發 行 所	三民書局股份有限公司
	地址　臺北市復興北路386號
	電話　(02)25006600
	郵撥帳號　0009998–5
門 市 部	(復北店) 臺北市復興北路386號
	(重南店) 臺北市重慶南路一段61號
出版日期	二版一刷　2018年2月
編　　號	S 940710

行政院新聞局登記證局版臺業字第○二○○號

有著作權‧不准侵害

ISBN　978-957-14-6449-7　（平裝）

http://www.sanmin.com.tw　三民網路書店
※本書如有缺頁、破損或裝訂錯誤，請寄回本公司更換。

彩色筆是最近才發明的工具。你的爺爺、奶奶可能都還不曾使用過喲！彩色筆有很多、很多的種類：細字的、粗的、特粗的；不透明的或是透明的；有自然的顏色，也有人工的顏色；有的用酒精稀釋*，有的用水；有的顏色是持久的*，有的是可以改變顏色的，還有一些特別的彩色筆可以被擦掉呢！

在這本書裡，我們選用了無毒的、小學生使用的水性彩色筆。

彩色筆有一個優點，就是它顏色的強度。即使這樣，但我們還是要提醒你，可不能把畫曝露在光線下面喔！不然最後它會失去光澤的。在使用完彩色筆以後，要記得蓋上筆蓋，這樣子它才不會乾得太快而不能使用。

彩色筆有百萬種以上不同的使用方式，只要你想得到，它就可以畫得出來喲！我們在這裡嘗試了一些方法，也選了一些範例，或許你可以想到更多……

彩色筆真是神奇喲！

這是一盒水性彩色筆。● ●

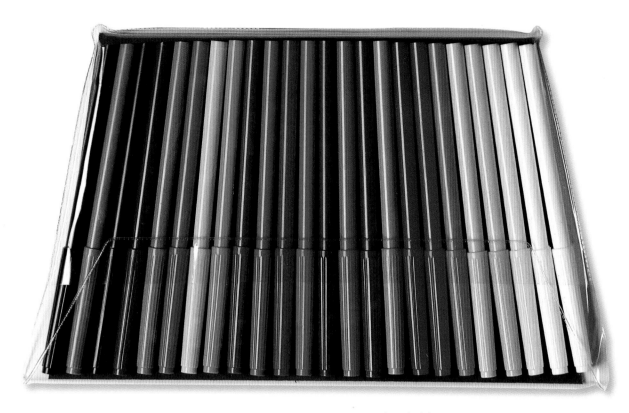

要怎麼使用呢？

● 我們可以用筆尖畫細線。

● 把筆傾斜一些，
　可以畫出比較粗的線條。

● 把筆傾斜一些，
　也可以用來把某個部分著色。

● 用細字彩色筆，
　可以畫出非常細的線條喔！

我們也可以：

● 把淺的顏色塗
在深的顏色上
面，來產生新
的顏色。

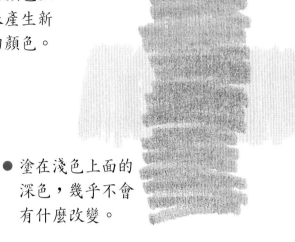

● 塗在淺色上面的
深色，幾乎不會
有什麼改變。

● 如果我們把表面弄溼，顏
色便會擴散 * 開來喔！

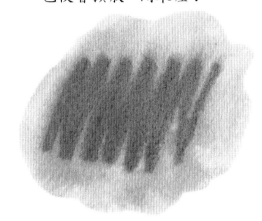

● 如果使用
不同的顏
色，顏色
便會混在
一起。

● 我們可以畫線條。

● 或是把整個區域塗顏色。

彩色筆的變化很多，我們可以用來畫線、打點、創造圖案＊，
或是把一小塊部分著色……

用彩色筆畫出不
同顏色的點。

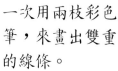
一次用兩枝彩色
筆，來畫出雙重
的線條。

用彩色的小方塊，
來組成視覺上的遊
戲圖案。

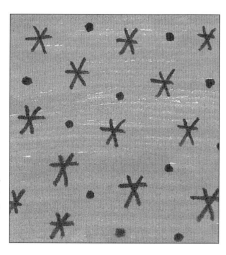

我們可以把圖畫
在塗了顏色的背
景＊上面。

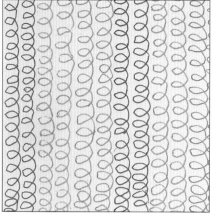

從遠處看，用極細
的彩色筆畫成的螺
旋好像線條喔！

我們可以用不同的
顏色，把一整個區
域著色。

在彩色筆塗成的彩色背景上面，我們可以用鉛筆、粉彩筆、廣告顏料、
蠟筆、墨水……甚至水來畫圖喔！

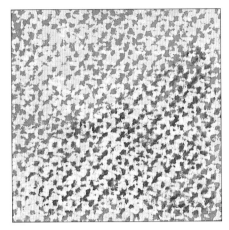

用黃色彩色筆在
表面粗糙的 *紙
上著色當作背
景，再用綠色的
粉筆塗顏色。

我們可以在彩色筆
塗成的背景上使用
色鉛筆。

滴幾滴水在彩色筆
塗成的背景上面。

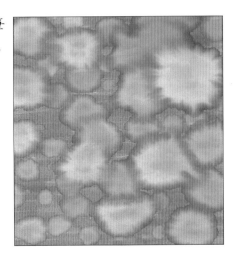

我們可以用畫筆蘸
一些水塗過圖畫的
表面，便會變成另
外一幅圖了。

也可以用彩色筆和
水，把一整個區域
都塗滿喲！

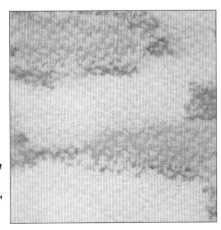

水性彩色筆的顏色是透明的，我們可以把它們混合在一起。

我們在一個顏色上塗了越多層，顏色就會越強烈*喔！

把兩個顏色交錯塗過，另一個不同的顏色就出現了。

彩色筆使紙的顆粒狀像背景一樣顯露出來。

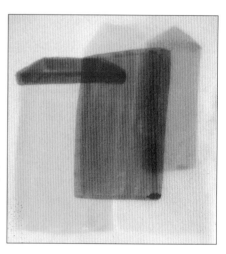

描圖紙有很好的透明度，所以我們可以把描圖紙的兩面都著色。

不同的畫材*有不同的效果：

棉紙呈現出完完全全的平滑。

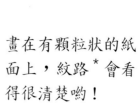

畫在有顆粒狀的紙面上，紋路*會看得很清楚喲！

在嘗試和實驗的過程當中，我們會發現最有趣的技巧＊喔！

在這裡，我們發明了一些技巧：

用橡皮擦在特製的彩色筆上擦出的星星。

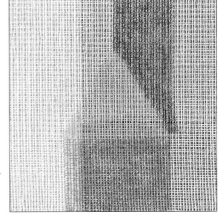

用彩色筆和織布畫成的圖畫。

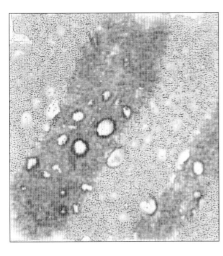

在塗有彩色筆的紙上灑水。

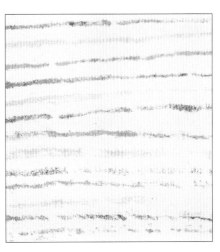

在下面墊有紙張的紙巾上，畫水平線條，因而留在紙張上的痕跡。

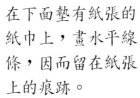

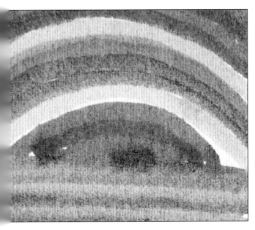

用不同的方向來畫彩色線條。

用粉彩筆在整張畫上亂塗，使它看起來像一幅被霧籠罩的風景畫。

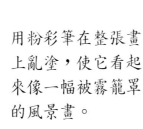

我們用了十種不同的方法來畫一朵花：

細緻的……
描圖紙

隨意的……
用彩色筆畫成的線條

燦爛的……
用彩色筆著色的區域

清新的……
彩色筆和蠟筆

鄉村風味的……
在軟木墊的背景上

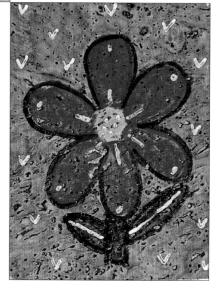

溼溼的……
在彩色筆上的水滴

凹凸不平的……
在表面粗糙的紙
上塗水彩

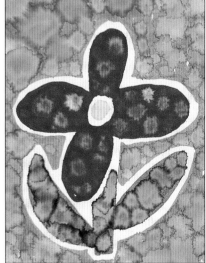

栩栩如生的……
在吸水性良好的
紙上

水晶般清澈的……
透明和彩色筆

平滑的……
彩色筆和水

當然還有很多其
它的方法囉！

現在，就讓我們來
教你如何用不同的
技巧，畫出這裡的
每一朵花吧！

我們可以用彩色筆畫出各種的線條。

1 把兩個綠色調的顏色重疊*在一起，畫成草地。

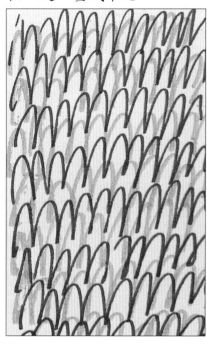

2 用細的和粗的筆觸*，來畫棕櫚樹的樹幹。

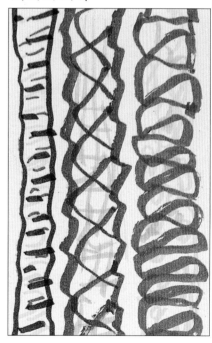

3 同樣用粗粗細細的筆觸，來畫樹枝和葉子。

4 藍色的網做成天空的背景。

5

結果我們
畫了一個
森林。一
個線條的
森林,是
不是很像
植物呢?

我們也可以用彩色筆把整個區域著色。

1

在白色的卡紙上塗一些顏色，小心喔！可不要讓顏色混在一起了。

2

我們也可以畫一些圖案。

3

我們把背景塗上另外一個顏色。最後，整個表面都被塗滿了顏色。

4

我們先將圖案畫上去，再把背景塗成黑色。
哇！多麼美麗、閃閃發亮的天空啊！

當我們在描圖紙上畫圖的時候，描圖紙的兩面都是可以使用的。

1 先用黑色的彩色筆畫出圖案來。

2 在另外一面著色，這樣子顏色才不會混在一起。

3 我們可以在反面把背景塗上各種顏色。這一次，顏色就會混在一起了。

4 再翻回正面*。和其它顏色比起來，黑色的線條看起來是不是特別突出呢？

5

描完黑色的線
條以後，我們
在描圖紙的背
面完成整個非
洲人物圖案。
這就是為什麼
背景看起來像
被稀釋過的樣
子了。

用彩色筆塗成的背景很適合用鉛筆、蠟筆、粉彩筆⋯⋯
在上面著色喔！

1 我們把白色卡紙的某些部分用彩色筆塗上顏色。

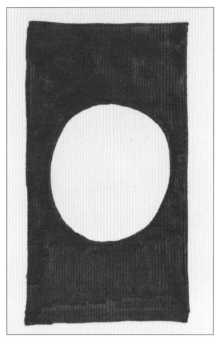

2 現在，在上面塗蠟筆，不要把整個背景都塗滿喔！

3 用同樣的方法來塗另一個部分。

4 不要用蠟筆，用彩色筆來完成整張畫。

5
瞧！我們在
白色的卡紙
上畫了一幅
很漂亮的靜
物畫。如果
紙張的紋路
不同，就會
有不同的效
果喲！

彩色筆的顏色是透明的,所以儘管我們在上面塗了顏色,
底下的樣子還是可以看得見喔!

1 我們先在軟木墊的表面畫
出一個方形。

2 把這個區域用彩色筆著色。

3
利用廣告顏
料,我們可
以凸顯出這
幅畫的某些
部分喲!

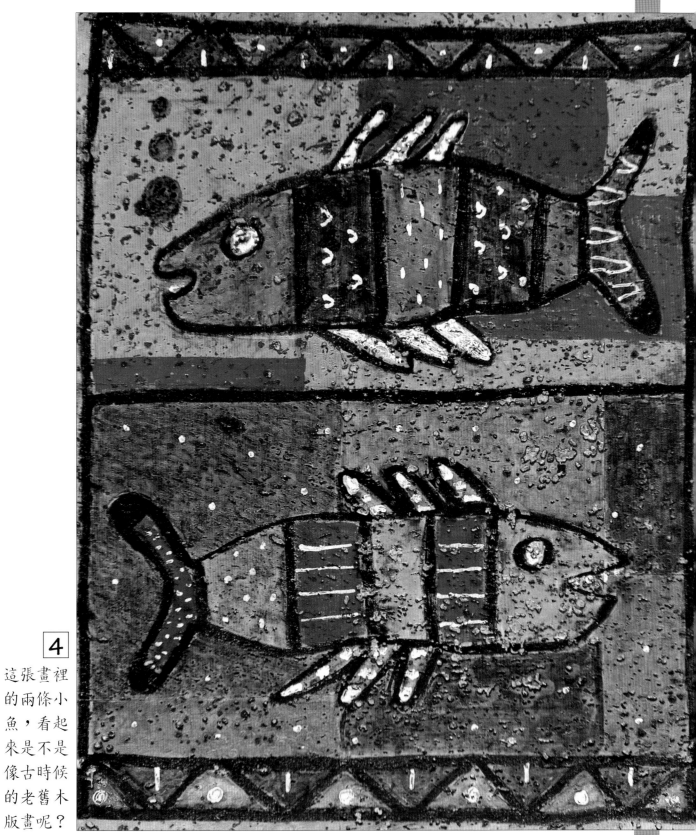

4
裡小
畫起
的是
兩候
條木
魚
，
看
這不
張是
畫古
的時
老候
版舊
畫的
呢
？
來

如果我們輕輕地用彩色筆塗過表面粗糙的紙，

只有一部分的顏色會附著在紙上喲！

1 先想一想要畫些什麼呢？

2 除了我們想留下白色的部分，用水彩塗過每一個區域。

3 用彩色筆輕輕地畫出天空來。

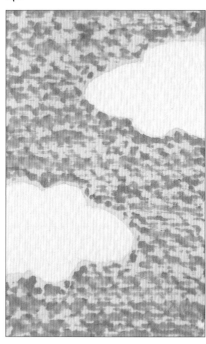

4 把雲塗上一些顏色，使雲看起來更明顯。

5

在這裡，我們畫了一隻和善的乳牛。
沒有著色的白色部分，是紙張原來的顏色。

如果我們把彩色筆塗在像餐巾紙那種吸水性良好的紙上，
顏色便會暈染開來。

1

在餐巾紙上畫一朵花。紙巾會吸收大部分的顏色喔！

2

現在，我們把背景著色。因為紙張會變得溼溼的，所以我們必須等它乾。

3

從紙巾的背面看，這幅畫也是很奇特的喲！

4

因為這種紙很會吸水,所以顏色會變得非常強烈喔!
我們也可以趁著紙還溼溼的時候來混色。

水是彩色筆墨水的基本成分，如果我們在紙上滴幾滴水，
在有水的部分，顏色便會變得比較淡。

1

用不同的顏色
在紙上著色。

2

讓水順著你的
指尖滴到紙
上。

3

等水乾了以
後，再重複同
樣的步驟。

4

直到整張畫完
成。我們可以
看到顏色是怎
麼混合在一起
的喲！

⑤個起隨是幾便成色很在林們邊，因不色色起來可錯

雖然這看些但習你完顏得！在樹我們的圖空白，因我望顏們色一起，使顏在一起生出果不效也

雖然方法有，練，把的制喲個空白我們望顏色在一起，使顏色一起生出果不效也

雖然方法來與多次能時控好在這裡讓緣為希混即混產的能喔！

我們曾經提到過，彩色筆的顏色是透明的，而且可以重疊在一起。

棉紙能表現出彩色筆透明的特性，而且正、反兩面都可以著色喲！

1 先畫出一棵植物來，然後等顏色乾。

2 再畫出更多的植物來。顏色重疊以後，新的顏色便產生了。

3 把紙翻面，畫上更多的植物。

4 再翻回原來的那一面，重複畫圖。

5
就像這些
鳥兒，畫
好以後，
好像飄浮
在空中耶！

如果我們用蘸了水的畫筆塗過圖畫的表面，顏色便會擴散開來喲！

1 我們先用彩色筆的各種顏色，畫出一個圖案。

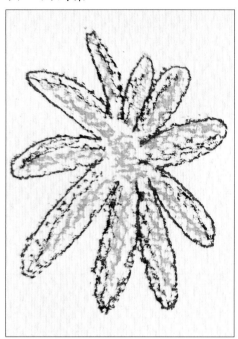

2 然後用蘸了水的畫筆塗過，顏色會擴散開來。

3 為了觀察顏色變化的情形，不妨在別的紙上練習不同的圖案。

4

顏色被水稀釋以後，會變得比較柔和喔！
這就是為什麼，畫面中的小老鼠看起來好像正在和朋友說話的原因了。

詞彙說明

稀釋：溶解在水裡。

持久的：不改變的。在彩色筆來說，是指顏色不會擴散，也稱做「洗不掉的」。

擴散：向四面八方散開來，在這裡是指顏色在紙上暈開的情形。

圖案：在一幅畫裡，占最主要部分的圖形。

背景：在圖底下的部分，有點綴整幅畫的作用。

表面粗糙的：不平滑，有凹下或凸起的。

強烈：顏色的集中，在這裡是指顏色的量多。

畫材：一種我們可以在上面塗顏料的物質，它可以是紙、布、木材……

紋路：某個表面看起來的樣子，或是摸起來的感覺。可以是粗糙的、平滑的、凹凸不平的……

技巧：製作一種東西的方法。

重疊：把某個東西放在另外一個東西上面。

筆觸：線條或條紋。可以是細的或粗的、直的或彎曲的。

正面：首要及主要的那一面，在這裡是指紙張用來畫圖的那一面。